ঋতজা

শর্মিলা ঘোষ সামন্ত

EditionNEXT
editionNEXT, Kolkata, India
www.editionnext.com

"Rutuja" :: A Collection of Bengali Poems by Sharmila Ghosh Samanta

International(USA) Edition

Cover: Uday Bhattacharyya

First Edition: February 2025

Publisher: Mousumi Bhattacharyya
FD 16/1, Baguiati, Kolkata- 59
Website: editionNEXT.com
Facebook: facebook.com/editionnext
Twitter: twitter.com/editionnext
eMail: Link "Contact Us" in editionNEXT.com

উৎসর্গ

এই কবিতা সংকলনটি উৎসর্গ করছি ভগবান শ্রীকৃষ্ণ ও শ্রীমতী রাধারানীর পবিত্র চরণকমলে। তাঁদের অপার প্রেম, ভক্তি, এবং দিব্য লীলার মাধ্যমে আমি অনুপ্রাণিত হয়েছি। শ্রীকৃষ্ণের বাঁশির সুর এবং রাধারানীর অনন্ত ভালোবাসা এই কবিতাগুলির মধ্যে দিয়ে প্রকাশ পেয়েছে। তাঁদের আশীর্বাদে এই সংকলনটি পাঠকদের হৃদয় স্পর্শ করুক, এই কামনা করি।

ভূমিকা

প্রকৃতির অপার সৌন্দর্য ও ঋতুচক্রের মায়াজালে বাঁধা এই কবিতাগুলি লেখা হয়েছে। ছয়টি ঋতুর বৈচিত্র্যময় রূপ, রঙ, এবং আবেগকে এক সুতোয় গেঁথে তৈরি হয়েছে এই কবিতা সংকলন "ঋতুজা"। প্রকৃতির সঙ্গে মানবমনের নিবিড় বন্ধন, ঋতু পরিবর্তনের ছন্দ, এবং জীবনযাত্রার নানা দিক এই কবিতাগুলিতে ফুটে উঠেছে।

এই সংকলনটি প্রথমবারের মতো প্রকাশিত হতে চলেছে editionNEXT.com-এর প্রকাশনায়। আমার এই প্রয়াসটি পাঠকদের হৃদয় স্পর্শ করবে, এই আশাই আমি করি। "ঋতুজা" শুধুমাত্র একটি কবিতা সংকলন নয়, এটি প্রকৃতি ও মানুষের মধ্যকার সম্পর্কের এক আন্তরিক প্রকাশ।

একজন লেখিকা হিসেবে আমি আশা রাখি, এই সংকলনটি তার পূর্ণতা পাবে এবং "ঋতুজা" সকলের ভালো লাগবে। প্রতিটি কবিতায় আমি আমার হৃদয়ের অনুভূতি ঢেলে দিয়েছি, আর সেই অনুভূতিগুলো পাঠকদের মনে জায়গা করে নেবে বলে আমি বিশ্বাস করি। আশা করি, এই কবিতাগুলি আপনাদের প্রকৃতির কাছাকাছি নিয়ে যাবে এবং প্রতিটি ঋতুর সৌন্দর্যকে নতুনভাবে আবিষ্কার করতে সাহায্য করবে।

ধন্যবাদান্তে,

শর্মিলা ঘোষ সামন্ত

সূচিপত্র

সূচিপত্র

কবিতায় প্রাণ

কবিতা লিখতে বসে
কত কথা লিখি,
কবিতা হয় না লেখা
হয়ে যায় গীতি।
সুর আসে কোথা থেকে
আসে তাল যত,
ছন্দের মিল মিশ
লেখা শত শত।
কবিতার কথা গুলো
হয়ে ওঠে গান,
গান হয়ে ফুটে ওঠে
লেখা দের প্রাণ।

পাহাড় ঘেরা গাঁ

পাহাড় ঘেরা ছোট্ট গাঁ
তাল তমালের সারি,
এমন গাঁয়ের শোভা
না দেখে কি, পারি?
সামনে সরু রাস্তা
সাপের মতো বাঁকা,
মাঝ খানেতে চলতে দেখি
দুপাশ কেমন ফাঁকা।
সরু পথের সানের গা
ঝিলিক ঝিলিক ঝরে,
এমন গাঁয়ের শোভা
দু চোখ কেমন ভরে।

পাহাড় ঘেরা ছোট্ট গাঁ
তাল তমালের সারি,
এমন গাঁয়ের শোভা
না দেখে কি, পারি?
পাহাড় বেয়ে ঝরনা কেমন
আপন ধারায় চলে,
সবুজ শ্যামল ধনী তার
শোভার আলোয় ঝরে।
সানের উপর পিছলে পড়া
সোনা রোদের আলো,
দূর থেকে মনে হয়
এ সোনা রোদ ভালো।

পাহাড় ঘেরা ছোট্ট গাঁ
তাল তমালের সারি,

এমন গাঁয়ের রুপের বাহার
না দেখি কি, পারি?
পাহাড় ঘেরা সবুজ গাঁয়ের
শোভার আলো জ্বালে,
এমন শোভার শ্যামলী মা
দুচোখ কেমন ভরে।
ছোট্ট গাঁয়ের পাহাড়ি রুপ
পাহাড় চুড়ায় গাঁথা,
সবুজ ক্ষেতের রুপের বাহার
চেনা রুপের কাঁথা।

পাহাড় ঘেরা ছোট্ট গাঁ
তাল তমালের সারি,
এমন গাঁয়ের রুপের বাহার
না দেখে কি,পারি?
ছোট্ট গাঁয়ের ছোট্ট ঘর
সবুজ রঙের সারি,
দাঁড়িয়ে থাকা টিলার ওপর
পাথর সারি সারি।
পাহাড় বেয়ে দাঁড়িয়ে থাকা
ছোট্ট গাঁয়ের বাড়ি,
এমন গাঁয়ের শোভা
না দেখে কি,পারি?
মাঝে মাঝে দাঁড়িয়ে থাকা
তাল তমালের সারি।

স্নেহের ছায়া

রোদ লাগলে গাছের ছায়ায়
বৃষ্টি হলেও গাছের ছায়ায়,
দাঁড়াই যখন এসে
পথ চলা এই পথিক তখন,
শ্বাস নেয় ভালো বেসে।
তেমনি যখন ছোট বেলা
চোখের উপর ভাসে,
খিদে পেলে মায়ের কোলে
খিল খিলিয়ে হেসে,
মুখ লুকিয়ে আঁচল দিয়ে
মাকে ভালোবেসে।
দুঃখ হলে মায়ের ছায়ায়
কষ্ট হলেও মায়ের ছায়ায়,
দাঁড়াই যখন এসে,
মায়ের স্নেহের ছায়ার কাছে
কি, আর বড় কিছু আছে?।

কালো মেয়ে

গায়ের রঙ বেজায় কালো
নাকটি বসা,
চোখ দুটি তার বড্ড ভালো
দেখতে লাগে খাসা।
রুপের ছটা নেই তো মোটে
সন্দেহ আজ সবার মাঝে,
আছে কি তার গুন?
রাঙা বাবুর এমন বৌ
কী যে খারাপ লাগে,
এমন ছিরির কনে বৌয়ের
রুপ দেখিনি আগে।
রাঙা বাবুর কালো বৌ
লজ্জাতে মুখ ঢাকে,
কি দোষ তার? কালো বলে?
কালো হয়েও কালো মেয়ে
শুধু প্রত্যাশাতে থাকে,
কেউ করেনি আদর তাকে
কেউ করেনি বরণ
মুখ ফিরিয়ে চললো সবাই
কেউ করেনি আপন।
উথাল পাথাল বুকের ভেতর
চোখের মাঝে জল,
রাঙা বাবুর হাত ধরে আজ
মনে ধরেছে বল।
পণ করেছে কালো মেয়ে
করবেই সে জয়,
সকলেরই মনের খবর, রাখবে
তার প্রাণের বিনিময়।

কালো হয়েও একদিন সে
জ্বালবে ঘরে আলো,
সৃষ্টির রুপ জ্বালিয়ে মেয়ে
ঘুমাতে মনের যত কালো।

রাঙাপলাশ

পলাশ রে তুই ফুটবি বলে
বসন্তটাও এল চলে,
রঙে রঙে রঙিন করে
দিবি সবার মন,
মনের রঙে রাঙিয়ে নিতে
এলো শতেক জন।
সাদা হলুদ শাড়ি জামায়
মাতলো রঙের খেলায়,
জমলো খেলা মনের রঙে
ভাসলো প্রেমের ভেলায়।
সাদা হলুদ পোশাক
হল লালে লাল,
পলাশ শিমূল রঙছড়ালো
রঙিন হলো শাল।
বসন্তের এই ছোঁয়া লেগে
নাচে সবার মন,
নাচে শিমূল নাচে পলাশ
নাচে ফাগুন বন।
বসন্তের রঙের খেলায়
এসো, আমরাও রঙ মাখি,
রঙে রঙে রাঙিয়ে দিয়ে
সকলে ভালো থাকি।
ফ্যাকাশে হওয়া স্বপ্ন গুলো
লাল আবিরে ঢাকি,
শুধু এ বছরই নয়তো পলাশ
তোমার? আরও ফোটা বাকি।
ফি বছরেও আবার যেন
পলাশ শিমূল বসন্ত,

আর ফাগুনের সাথে থাকি
শত দুঃখ ভুলে গিয়ে,
এসো আজ আনন্দ রঙ মাখি
বসন্ত আর পলাশ কে
দু নয়নে রাখি।

গাছ

গ্রীস্মের এই ভর দুপুরে
বেজায় গরম ঘাম ঝরে রে,
জল চাই জল চাই
কোথায় ছায়া পাই।
ঠাণ্ডা বাতাস না এলে
দেহ কেমনে জুড়াই।
গাছের পাতা না নড়লে
উপায় কেমনে খুঁজি
তপ্‌ত বাতাস দেহ খানি
পুড়ালো বুঝি?
গাছ কেটো না গাছ কেটো না
গাছ লাগাও বেশি করে,
গ্রীস্ম কালের সারা সময়
বাতাস দেবে ভরে।

রোদ

রোদ ছুঁলো আমায়
সারা দুপুর বেলা,
রোদ নয়তো আগুন বলক
করে শুধু খেলা।
রোদের উপর রাগ হয়েছে
জ্বালায় পোড়ায় কেন,
সকল প্রাণের সারা শরীর
বদলে দিল যেন।
আকাশ পানে তাকিয়ে থাকি
মেঘকে ডাকি আয়,
তুই না এলে কেমনে ধরায়
বৃষ্টি হবে ভাই।

কাঁচা মিঠে

কাঁচা মিঠে আম
আমে দিলাম চিনি,
লঙ্কা বাটা আর ছিলাম নুন
কাঁচা মিঠে আম ছেঁচকি?
খেয়ে গাও গুন।
জ্বীভে আনে জল
এ এমনই ফল,
এক থেকে একশো
সবার মনের আশা,
পাকলে পরে দারুন
খেতে লাগে খাসা।
রকমারী আম বাহারি
ভিন্ন পাতের স্বাদ,
তোমার মতো ফলকে পেয়ে
আহ্লাদে হই আট।

ফিরে দেখা

চোখের ওপর ভেসে ওঠে
কুসুম পুরের মাঠ,
দু পাশ ছিল চাষের জমি
মাঝে মাটির পথ।
ঘাসের ওপর লুটিয়ে পড়া
ডিগবাজি দিয়ে ওঠার তাড়া,
হাডুডু রুমাল চুরি
আর দড়ি লাফ,
মজার মজার খেলার সাথে
দিয়েছি পুকুরে ঝাঁপ।
মনে পড়ে বিকাল হলেই
আসতো কতজন,
ভালোবাসাই ভরসা ছিল
ছিল দয়াল মন।
একে অপরকে বন্ধু ভেবে
কেউ আনতো কড়াই ভাজা
কেউ আনতো ভাজা বাদাম
কেউ আনতো ঝুরি,
সকলে মিলে খাওয়ার স্বাদ
আজ কেমনে ভুলি।
পুরানো স্মৃতি মনে পড়ে আজ
ভুলিনি তো কোন কিছু ই,
মনের মাঝে রেখেছি যতনে
কষ্টকে গোপন করে হেসেছি শুধু শুধু ই।
আমি তো কষ্টে আছি ভাবি মনে মনে
বন্ধুরা আছো কী সুখের জীবনে,
রেখ তবে ভালোবাসা স্মৃতির চরণে।

মা

ভয় পেয়ে কাছে ডাকি
বিপদ এলেও কাছে ডাকি,
সে যে হল "মা",
বিপদে আপদে সে যে
কাছ ছাড়ে না।
জন্ম দিতে গর্ভে ধারণ
জন্মের পর লালন পালন
"মা", ছাড়া বাবা একাজ
করতে পারে না।
চলতে শেখা বলতে শেখা
সব খানেতেই মা,
মা, ছাড়া এ জগতে
আর কেউ তো হয় না
"মা", যে শুধুই "মা"।

খাম

পুরানো চিঠির খামে
হলুদের আভা,
পুরানো চিঠির কথা
ভাঁজে ভাঁজে রাখা।
লালচে হলেও কথার মান
একই আছে,
তবুও চিঠির খামে
কত স্মৃতি থাকে।

আকাশ কুসুম

আকাশ কুসুম কল্পনাতে
আঁকছি নানান আল্পনা,
আসমানী রঙ আকাশ জুড়ে
ছড়ায় ছবি মন্দ না,
পূব দিগন্তে উঠলো রবি
সোনার বরণ রূপ তার,
ছড়ায় কিরণ এক মনা।
ঘুম ভাঙা রোদ আলতো ছোঁয়ায়
স্বপ্ন আঁকে এক জনা,
স্বপ্ন ফেরি জীবন আঁকে
রঙ ছড়ালে যায় চেনা।

পাঠ শালা

গুরুমশাই পাঠশালা
আর বর্ণমালা বই
অ আ ক খ
আর ধারাপাত সই।
ভাঙা বেঞ্চ ঠেসাঠেসি
গায়ে লেগে থাকা,
আলমোরা টিফিন?
ছিল বন্ধুত্বে ঢাকা।
গুরুমশাই হাত ছড়ি
আজ ও মন টানে,
শিক্ষার আলো দিয়ে
ভরিয়েছেন এ মহাজীবনে।

গুরু প্রণাম

জন্ম দিলেন পিতা মাতায়
হলেন প্রথম গুরু,
জীবন গড়তে আর্দশ আর
শিক্ষায় শিক্ষক গুরু।
জীবন সংগ্রাম? হাত ধরে যার
এলাম সংসারেতে
তিনি হলেন স্বয়ং সখা গুরু,
জীবনে সন্মান যে এনে দেয়
সেই তো প্রকৃত গুরু।

সাবেকি জীবন

সাবেকি জীবন হারিয়ে গিয়েছে
হারিয়েছে ছেলে বেলা,
অতি সাধারণ আমরা ছিলাম
ছিল না অবহেলা।
লুকিয়ে গাছে ফল চুরি আর
গুলতির সেই তাক,
মনে পরে যায় কাঁধে ভর করে
পাঁচিলে ওঠার ডাক।
মনে পরে যায় গুল ডাণ্ড
আর গুলি খেলা,
খেলতে খেলতে কখন যে
পার হয়ে যায় বেলা।
নদীর জলে আর পুকুরে ঝাঁপ
দিয়েছি সারাদিন ধরে,
সময় গিয়েছে চলে
তবুও আড্ডা র স্মৃতি গুলো
থাকে কেবলই মন জুড়ে
অতীত আড্ডা অতীত স্মৃতি
চলুক আজও নিয়ম করে।

ফিরবো আমি

অনেক ভেবে বাঁচতে চেয়ে
ফিরবো বলে আমি,
মৃত্যুটাকে দুহাত দিয়ে
সরিয়ে দিয়েছি আমি।
বেঁচে থাকার কারণ যখন
শুধুই খুঁজে পাই,
মৃত্যুটাকে বলছি তখন
জীবন থেকে অনেক দূরে
যা দেখি তুই ছাই।
দেখার এখন অনেক বাকি
পড়ে আছে বেলা,
ধরণীর এই বুকের মাঝে
রয়েছে বাকি খেলা,
এসব দেখে মনের ভেতর
রইলো ফেরার পালা।
ফিরবো আমি এই আশাতে
স্বপ্ন আবার দেখা,
ফিরবো আমি ফিরবো আমি
রইলো কথা রাখা।

আঙিনা

চলো যাই ঘুরে আসি
পরের আঙিনা,
যদি পাই আদর ভরা
স্নেহের বিছানা।
যদি পাই রাতের আকাশ
জ্যোৎস্না মাখা আলো,
ঘুম পাড়া নিয়ে গান শুনে আজ
মনকে রাখবো ভালো।
হাজার তারার ভিড়ে
যায় দেখা এক পথ,
সেখানে যেতে কিছু
সময় তবে যাক,
পরের বাড়ির আঙিনা আজ
নিজের হয়েই থাক।
কে যে আপন কে যে পর
ভাববো কেন মিছে,
একে অন্যের আপন হয়েই
চলবো পিছে পিছে।

নীল খাম

অরুন্ধুতী একছুট্টে বাইরে যখন এলো
অঝোর ধারায় বৃষ্টি ধারা হচ্ছে এলোমেলো।
ডাক পিছনে চিঠি আনে নীল খাম এতে ভরে
অরুন্ধুতী হাত বাড়িয়ে নিচ্ছে যে খাম ধরে।
লাজুক মুখে এক ছুট্টে ঢোকে ঘরের ভেতর
চিঠির কথা পরার পরে হলো সে যে পাথর।
ছেলের খবর জানতে চেয়ে মা, ঢুকলো যখন ঘরে
অরুন্ধুতী র হাতের চিঠি পরলো মেঝের ওপর।
ছেলের চিঠি আসলে পরে অরুন্ধুতীর হাসির আওয়াজ,
মায়ের মনকে খুশি করে।
দেশ মাতাকে রক্ষা করতে বাইরে গেছে ছেলে
ভালো আছে জেনে মা বুকে বল ধরে।
আজ কেন যে হাতের চিঠি পরলো মেঝের ওপর।
তবে সে কি হারিয়ে গেলো? জীবন থেকে সবার।
কান্নার রোল উঠলো যখন ছেলে অনেক দূরে
হা হুতাসে কাঁদছে পাড়ার সকলে এক সুরে।
অরুন্ধুতী র স্বপ্ন গুলো হচ্ছে এলোমেলো,
আর কখনও নীল খামেতে আসবে না আর
চিঠির কথা গুলো।

বেলা শেষে

পরন্ত বেলায় মেধাবী ছেলেটা
সিগারেটের শেষ টানে তাকিয়ে রইল,
গঙ্গার জলে অস্তমিত সূর্যের দিকে।
অন্ধকারে ডুবে যাচ্ছে দিনের আলো
একটু একটু করে জলের ভেতর তলিয়ে যাচ্ছে।
ঠিক যেমন করে স্বপ্নটা তলিয়ে গেছে তার।
ভাববার সময় টুকুও নেই তার।
নেই নিরাপত্তা ওই ডুবে যাওয়া সূর্যের মতো হয়তো।
শেষ বেলায় শেষ সূর্যাস্তের মতো হয়তো?
একদিন নিভে যাবে তার জীবন টা।

পাখি

খুব সকালে গাছের ডালে
ডাকলো পাখি শিস্ দিয়ে,
পাখির কথা কানে বাজে
শিস্ দেয় পাখি মগডালে।
এদিক ওদিক লাফায় পাখি
আওয়াজ তোলে ঘাড় নেড়ে,
বকার মত কেউ ছিল না
লেজ দুলিয়ে যায় উড়ে,
আবার পাখি ফিরে আসে
থাকে গাছের ডাল জুড়ে।
এই ঘর যে তাদের বরাবরের,
থাকে তারা রোদ্দুরে,
বৃষ্টির জলে স্নান সারে
আর পালক শুকায় গা, ঝেড়ে।

ঝিঁঝিঁ ও জোনাকি

ঝিঙে ক্ষেতে ঝিঁঝিঁ পোকা
গানে সুর তোলে,
মাঝে মাঝে ঝিঙে ক্ষেতে
জোনাক আলো জ্বালে।
রাতের ঝিঁঝিঁ তোলে সুর
তাল বেতালে ভরা,
ফিঙে পাখি লাফায় দূরে,
তাদের কানে লাগছে যে সুর চড়া।
ঝিঙের বনে ফিঙের বাসা
ভঙ্গে দিল ঝিঁঝিঁ,
ফিঙে বলে চাইনা তোদের
যাচ্ছি তবে ফিরে,
ঝিঁঝিঁ তোরা থাকনা সুখে,
ঝিঙে মাচা ঘিরে।
জোনাক বলে, ঝিঁঝিঁ রে তুই
বাজিয়ে যাবি সুর,
আমরা আলোয় ভরিয়ে দেব
পারি যতদূর।
ফিঙে বড় চালাক ভারি
ঝিঙে ক্ষেতে আসে,
ঝিঙে ক্ষেতে তুই থাকলে
ফিঙে পড়বে যে বেঁ ফাঁসে।

চোর বন্ধু

বন্ধু বন্ধু মিছে ভাবি
সত্যি বন্ধু নইরে তোর,
বন্ধুর জন্য মিছেই কাঁদিস
আমি বন্ধু সত্যি চোর।

সিঁধ কেটেছি করবো চুরি
হৃদয় সিন্ধুক ভাঙবো জানি,
হীরে তো নয় মানিক নেবো
বদলে আজ? পিতল দেবো।

সঙ্গে রাখিস গিনি তোর
কাঁচ নয় যে, লোহার কাঠি,
ভাঙবো তোর ঘরের দোর
আজ করবো চুরি মন যে তোর।

উথাল পাথাল আছাড় খাবি
দেখার জন্য এমন চোর,
বন্ধু বন্ধু মিছেই ভাবিস
আমি বন্ধু সত্যি চোর।

হুঁশিয়ার

মোহন খুড়ো হচ্ছে বুড়ো
বাড়লো বয়স বছর পর,
দুঃখ করে বলছে খুড়ো
বয়স? বারিস না আর সামনে বার।
সাদা চুলে কলপ করে,
হবো ইয়াং জবরদর
কেউ বোল না বুড়ো খুড়ো,
দিচ্ছি তবে হুঁশিয়ার।

গ্রাম

গাছপালা আর নদী নালা
পুকুর ডোবায় ঘেরা,
নানান রকম সব্জিক্ষেত আর
সোনার ধানে ভরা।

নানান রকম পাখপাখালির
কুহু কলতান,
ভোরবেলাতে শুনতে পাবে
কান পাতলে গান।

সোনার ফসল বললে মাঠে
চাষীর ভরে মন,
নদীর বুকে ও মাছ উঠলে
মাঝির ভরে প্রান।

খুশির স্রোতে ভাসিয়ে ডিঙি
মাঝি ধরে গান,
সন্ধ্যা বেলায় ভেসে আসে
ভাটিয়ালির টান।

এমন গ্রাম মাটির টানে
অঢেল প্রেমের দান,
সন্ধ্যা বেলায় তুলসী তলায়
জ্বালিয়ে প্রদীপ খান।

যে গ্রামে আছে কেবল
সোঁদা মাটির ঘ্রাণ,
সেই গ্রামেতে থাকে
আমার অতি প্রিয়জন।

শারদীয়া

মাতলো আকাশ
মাতলো বাতাস,
পূজো পূজো গন্ধে
কাশ ফুলেরা,
আপন মনে
মাথা দোলায় ছন্দে।

ইমেজ ভারি
সাদা কাশের,
খুশি খুশি ভাব
মানুষ জাতির,
মন মজেছে,
সাজো সাজো রব।

শরৎ কেবল
কাশের বনে,
দুলছে নাকো ছন্দে
দুলছে দেখ,
দোদুল দোলায়
মানুষ জাতির
শুধুই ভালো মন্দে।

মা আসবে
ঢাকের কাঠি,
সাজছে ঢাকির ঘরে
বাজছে কাঠি
ঢাকির ঘরে,
ঢাকের তালে তালে।

গ্রাম ছাড়িয়ে শহর
দুর দুরান্তে পাড়ি,
ঢাকের তালে
উঠবে জেগে,
মায়ের বাপের বাড়ি
ঢাকের তালে
মা তবে আকাশ
বাতাস শরৎ কালে,
মানুষ জাতি
মাতবে পূজোয়
নতুন সম্ভাসনে।

পটভূমি

রং তুলি বিনা
রঙে রঙিন আমার গ্রাম
নীল সবুজ ধূসর রঙে
সেজেছে আমার ধাম
কে লাগালো রঙ তুলি,
কে এঁকেছে ছবি,
বন জঙ্গল গাছ পালা
আকাশ পাহাড় নদী।
যার বুকে তে জন্মেছে
মানচিত্রে র পটভূমি।

অপেক্ষা

নিজের অজান্তে লিখেছি চিঠি
লিখেছি হাজার ব্যাথা,
আশায় আমি বসে আছি
আসবে ফিরে কথা।
বসে বসে দিন চলে যায়
চিঠি আসে না, আর
একলা আমি বাইছি জীবন
হইবো কত আর।
খাল ডিঙিয়ে যাওয়ার পথে
বাঁশে বাঁধা পুল,
মত মত তার আওয়াজ ওঠে
ভাঙলো বুঝি পুল,
হয়তো ভাবি আসবে সে
তার আসার পথ চেয়ে,
একা একা পার হয়ে যাই
নৌকা আমি বেয়ে।
হয়তো চিঠি আসবে যখন
বেলা যাবে বয়ে,
ফিরতি বেলায় আসে যেন
সু খবর নিয়ে,
খোলা চিঠি আসে যেন
লেখা ভর্তি হয়ে।

কথাকলি

আকাশে গোটা চাঁদ টা
জ্বল জ্বল করছে,
ছড়িয়ে ছিটিয়ে থাকা
আকাশের তারা গুলো,
অপেক্ষা র পর আবার
হাসছে খিল খিলিয়ে,
মনে মনে বলি
আমি ও যদি ওই রাতের আকাশে
কোন একটি তারা হতাম, তাহলে?
ওদের মাঝে ওদের মতো
হারিয়ে যেতাম আর কত কথা হতো
ওই কথাকলি হয়ে ফুল ফোটাতে
বেশ লাগতো, লাগতো?
রাতের আকাশে আলো মেখে
আঁধার পেরিয়ে চলতে।

অন্তর

প্রিয়তম,তুমি?এই তো সেদিন
ঘুরতে এলে শাল পিয়ালের বনে,
আমায় তুমি সঙ্গে নিলে,
ধরলে দুহাতে হাত ধরে,
সবুজ বন লাল পলাশে
রঙিন করে মন,
ভালোবাসায় ভরিয়ে দিলে
থেকে অন্তর।

স্রোত

আমি হতে চাই নদী, স্রোত স্বিনী,
একা একা একমনে নির্জনে,
ফেলে আসা যত নোংরা যত আগাছা
সব কিছু সঙ্গে নিয়ে মোহনার দিকে
একান্ত নিজস্ব তায়,
দুর্গম এবড়ো খেবড়ো সব পথ সরিয়ে
স্বচ্ছ পবিত্র জল হয়ে
সমস্ত পাপকে ধুয়ে দিতে হতে চাই
এক বয়ে যাওয়া নদী হয়ে,
হতে চাই, সেই নদী, স্রোত স্বিনী।

বন শিউলি

বনশিউলি, বনে বাস,
অযত্নে থাকো তবে
তুমি কেমন করে?
ঝড় বাদলে আড়াল করে
রাখেনি কেউ যত্নে ভরে,
তবুও তুমি একলা থাকো
ছোট্ট বুনো গাছ,
বনশিউলি বনশিউলি
সুন্দর তোমার গন্ধ,
বনের মধ্যে থেকো তুমি
চিরদিন কোরো আনন্দ।

ফুলকো লুচি

কড়ার গরম তেলে
ফুলছে ফুলকো লুচি,
গরম গরম ছোলার ডালে
ছড়িয়ে নারকেল কুচি,
আলুর মধ্যে দিয়েছে দেখো টমেটো
আর কড়াই শুঁটি,
ফুল কপির দইকর্মা
এরকমই চাই খাঁটি।
চাটনি র ওই খেজুর
আর কাজু কিসমিস,
দুয়ে দুয়ে চার করেছে
লাগিয়ে খুব জোর,
রসগোল্লা জমিয়ে দিল
ফুলকো লুচির দর।

শ্বেত কপত

শান্তির আজ বড়ো অভাব
বিশ্বাস ভাঙতে ভাঙতে,
নেই বললেই চলে।
শ্বেত কপত শ্বেত কপতি
উড়ে যেতে যেতে বললো,
আজ আর শান্তি?
কোথাও খুঁজে পাই না,
হয়তো আমাদের প্রয়োজন ফুরিয়েছে?
কে রাখবে মনে?
চলো আমরা মুক্ত হয়ে উড়ে যাই এভাবে।

বৃষ্টির দেশে

চলো যাই
ওই পাহাড়ের দেশে,
যেখানে মেঘ উড়ে চলে?
আপন আবেগে।
আপন ধারায়
ঝরে পড়ে বৃষ্টিরা,
মেঘ ডাকে তালে তালে
বাতাসের ছন্দে ভাসে
আনমনা আকাশের রূপ,
চলো যাই সেই দেশে।

এক আকাশ, দুই মানুষ

এক আকাশ দুই মানুষ
নর এবং নারী,
এরই মাঝে কতই না পার্থক্য,
অথচ আমরা মানুষ
শুধুই মানুষ, আমরা বাঙালি
একই আকাশ একই বাতাস
একই মাতৃ ভুমি,
ভাষা সেও তো মাতৃভাষা
আমরা আপামর বাঙালি।
বিভেদ শুধুই দেহের গরণ,
নয়তো, কিছু অন্য কারণ,
এক আকাশ দুই মানুষ
আমরা বাঙালি।

বর্ষাএলে

আকাশ জুড়ে
কালো মেঘ,
কড় কড়িয়ে
পড়ছে বাজ।
ঝমঝমিয়ে
বৃষ্টি এলো,
নিঝুম হলো
পথ ঘাট।
শন শনিয়ে
বইছে বাতাস,
থরথরিয়ে,
কাঁপছে মানুষ
কাঁপছে পশুপাখির দল,
বর্ষা এলে
কষ্টে কাটে,
সকল জাতের আস্তাবল
এক নাগাড়ে
বৃষ্টির জল
ডেকে আনে,
বন্যাকে,
নষ্ট করে
ক্ষেতের ফসল
পুকুর ভরা মাছ,
সর্বনাশা বন্যা এলে?
মানুষ কুপোকাৎ।

না পাওয়া

নিঃসঙ্গ নির্জন একাকী জীবনের
লিখে যাই কিছু কথা,
লিখি এক মনে,
লিখি আমি ফেলে আসা
অতীতের স্মৃতি
অসময়ে ফোটা এক ফুল বিথী,
জীবন যুদ্ধ আর,
লড়াইয়ে র কথা
বুকে জমা হাহাকার,
না পাওয়ার ব্যাথা।
পোড়া মন মানে না
তাই লিখি নিজ মনে,
লেখার ছন্দ আর?
কলমের টানে,
যদি না পাওয়ার ব্যাথা টা
ভুলি কিছু ক্ষণে।

সৎ পথে

বলি ওরে?
এবার তোরা থাম,
আর ভুল
করিস নে,
ভুলের খাতায়,
নাম লিখিয়ে,
ভুল পথে আর চলিস নে।

মার দাঙ্গা
রক্তারক্তি,
লড়াই করে
মরিস নে,
শির দাঁড়াকে
সোজা রেখে
সোজা পথে,
চলতে শেখ
মিথ্যা খেলা
খেলতে গিয়ে,
জীবন টাকে
হারাস নে।

সহজ সরল
তোদের প্রাণ,
সহজ হয়েই
ফুটতে থাক,
সৎ পথেই
এগিয়ে চল।
ভুল পথের
ঠিকানা টা
এবার তোরা,
মুছে ফেল।

আশীষ

আনন্দ খুঁজি আমি
সবারে দিতে,
একা একা পারি না,
শুধুই নিতে।
হাতে হাতে
ভাগা ভাগি, জমবে ভারি,
মণ্ডামিঠাই নয়?
চাই খুশির ঝুড়ি,
হাত তুলে বলবে,
আরও বড়ো হও।
সকলের,
ধূলা মাখা, চরণের,
আশীষ, ছোঁয়াও।

মনবিহঙ্গ

মনবিহঙ্গ উড়ে যেতে চায়
জনহীন নিরালায়,
আকাশের বুকে ছড়িয়ে ব্যাথা
ফিরবে আলেয়ায়,
একটু সুখ একটু দুখ
ডানায় ভরে নেবো,
কিছুটা সময় উড়ে যেতে যেতে
খুশিতে বিলীন হবো।

ষষ্ঠী

উৎসবটা ভারী মজার
জামাই পাবে আদর,
আনবে শাড়ি রকমারি
হবে মজা জবর।
চিঁড়ে মুড়কি দই সন্দেশ
রাবরি রস গোল্লা,
পাতের মাঝে বর্তমান
থাকবে দুটি মর্তমান,
শালিরা সব বসবে ঘিরে,
হবে হই হল্লা,
জামাই পাবে আদর,
শ্বশুর মশাই,
হাজার দরে এনেছে কিনে
ইলিশ চিংড়ি মাগুর।

সুপ্রভাত

এক মুঠো রোদ আনতে চেয়ে
বাড়িয়ে ছিলাম হাত,
সুখ পাখিটা জানালা দিয়ে
জানালো সুপ্রভাত।
মাটির বাড়ি খড়ের চাল
শান্তি আছে জানি,
তবে আমার একটু কষ্ট
এটা আমি মানি।
হোক আমার মাটির বাড়ি
তাতে দুঃখ নাই,
আমি দেব অঢেল শান্তি
সোঁদা মাটির গন্ধ।
সুখ পাখি তুমি দিও গো
একটু সুখের ছন্দ।

জ্যোর্তিময়

পথ দেখাতে পার্থ সারথি
এসেছো জ্যোর্তিময়,
তোমাদের পথে আলোকিত হতে
চলেছি নির্ভয়।
প্রাত কালের পুস্প হয়ে
থাকবো তোমার চরণ তলে,
শুক তারার আলো হয়ে
থাকবো তোমার ঘরে।
ধূপের মত গন্ধ বিলায়ে
হবো গন্ধেশ্বরী।
পূজিত হবে তোমার মন্দির
তোমার প্রেমের দানে,
প্রেম ভরে দান দিয়ো গো পার্থ
দিয়ো গো জনে জনে।

প্রত্যাশা

বাবা মানে একটি বৃহৎ
একটি সরল গাছ,
তার নীচেতে বসে যেন
কাটাই বারো মাস।
লতার মতো জড়িয়ে
ধরবো বাবার হাত,
পথ দেখিয়ে নিয়ে যাবে
মাথায় পড়বে আর্শীবাদ।
বড় হবো মানুষ হবো
বাবার এই আশা,
বড় হয়ে থাকবো পাশে
বাবার এটাই প্রত্যাশা।

বোধ

বিষন্নতা জীবন বোধে
আনে দুর্যোগ,
সফলতার শত চেষ্টায়
আসে দুর্ভোগ।
প্লাবিত স্বপ্ন অধরে হারায়
রজনী দিবস প্রাতে,
ধৃষ্টতার সৌজন্য,
না মেলিবে কোন মতে।

মিছিল

বেকার ছেলেটা বড়ো এক রোখা
বড় জেদি লড়াই তার চলবে,
সে আজ লড়বে, জীবন দিয়েও
প্রতিবাদ হানবে।
না খেতে পাওয়া, পরিবার গুলোর
পাশে থাকতে চেয়ে
আজ লড়াই য়ে নেমেছে,
বেকারত্ব আর বেকারত্ব, চাকরি কই?
চাকরি সেও আজ হারিয়ে ছে,

সহজ বাবু

সহজ পুরের সহজ বাবু
বুদ্ধিতে চৌখস,
কারি কুরি শব্দ বাজি
পাঠ করে চৌরস।
এক্কা দোক্কা ছক্কাতে
করে এক্কেবারে কাত,
কেউ খেলতে চেয়ে টক্করে
হয় যে কুপোকাৎ।

শ্বেত কপত শ্বেত কপতি

শান্তির আজ বড়ো অভাব
বিশ্বাস ভাঙতে ভাঙতে,
আজ বিশ্বাস নেই বললেই চলে
শ্বেত কপত শ্বেত কপতি
বললো উড়ে যেতে যেতে।
আজ আর শান্তি?
কোথাও খুঁজে পাই না,
হয়তো? আমাদের প্রয়োজন ফুরিয়ে ছে?
কে রাখবে মনে?
চলো আমরা মুক্ত হয়ে উড়ে
যাই আকাশে তে।

মেঘের বাড়ি

মেঘেদের আনাগোনা
ওই আকাশের বুকে,
খেয়ালে চলে তারা
থাকে ওরা সুখে।
আনমনা উদাসী
বে হিসেবী মন
থাকে ওরা আকাশে,
নিয়ে মায়ার বাঁধন।
যেতে যদি পারতাম
আকাশ পারে,
মেঘেদের ভালবাসা
নিতাম দু হাত ভরে।

সাঁঝ

সূর্য ডোবার সাথে সাথে
আবছা আলোর নিবেশ
সেই মুহূর্তে শুরু হয়,
সন্ধ্যার প্রবেশ।
সন্ধ্যা বেলায় তুলসী তলায়
জ্বালিয়ে প্রদীপ খান,
মঙ্গল করহে, প্রভু
করেছো যখন জীবন দান।
তোমার দানেই জন্ম নিলাম
পৃথিবীর এই বুকে,
সব বাধা কাটিয়ে
রেখো তবে সুখে।

সমৃদ্ধি

চাষের জমির রূপ দেখি আজ
সবুজ ধানে ভরা,
হলহলিয়ে বাড়ছে ধান
আলের মাথায় লুকিয়ে আছে
গোপন সুরে ভরা।
ফললে ফসল বাড়ে চাষীর মান
গৃহকোণে আসবে যখন
সোনার বরণ ধান।
সুখী হবে সমৃদ্ধি
ধরবে চাষী গান।

নীলাম্বরী

দ্বিগম্বরী রূপবতীর নীলাম্বরী সাজ
শ্বেত বস্ত্র পরিধানে রূপবান মেঘরাজ,
শ্বেত পরীরা ডানায় ভরে আসমানী রঙ মাখে
কপত কুমার মুন্সী আনায় বেগুনী রঙে ঢাকে।
আষাঢ় শেষে শ্রাবণ ধারায় তটিনীর উচ্ছ্বাস,
শ্বেত শুভ্র কাশের দল মস্তিতে উন্মাদ,
মনমোহিণী স্রোত স্বিনী আহ্লাদে সুখ মাখে,
ইচ্ছ্বারানী আপন মনে প্রেম মহুয়ায় থাকে।

দূরে কাছে

একটু দূরে নদীর পাড়ে
গাছের ফাঁকে ফাঁকে,
শ্রাবন ধারা টপটপিয়ে
পড়ছে ঝরে ঝরে।
মন বরষা আচ্ছা খাসা
লাগছে মজা ভারি,
তুমি যদি না আসো আজ
তোমায় দেব আড়ি,
আমায় তুমি বৃষ্টি ভেবে
ভিজতে যদি চাও,
তবে তুমি আমাকে আজ
সঙ্গে নিয়ে যাও।

খুনসুটি

ঘুম জড়ানো দুচোখ যখন
স্বপ্ন ভালোবাসে,
হঠাৎ ঘুমের কুঁড়ি তখন
মনের বাগান জুড়ে হাসে।
হৃদয় তখন আকাশ সমান
করলো খুন সুটি,
ঘুম পরীরা ঘুমের মাঝে
চললো নিয়ে ছুটি।

আনন্দ

শোনে নি বারণ খোঁজে নি কারণ
থামে নি চলার পথ
কাঁটা ঝোপঝাড়
বিধোয় কাঁটা
একাই করে সাফ।
চলবে মেয়ে পণ করেছে
থামাবে কে আজ তাকে
শত বাধা পার করবে
সে আজ
এগোবে মন রথে।

শ্বেত করবী

পথের পাশে ফুটে থাকা
হাজার করবী ফুল,
লাল নীল হলুদ সাদা
গাছে ফুটে দুলছে হাজার ফুল।
সবার মাঝে মন কেড়েছে
শ্বেত করবীর থোকা,
নীল হলুদের রঙটি চড়া
লাগছে চোখ ধাঁধাঁ।
শ্বেত শুভ্র শ্বেত করবী
গাছ ভরেছে রঙে
দুচোখ আমার মহিত হলো
তোমার রূপকে দেখে।

ঘুম পাখি

নিঝুম আকাশ নিঝুম বাতাস
নিঝুম সারা দুপুর বেলা,
দখিনা ওই বাতাস দেখি
করছে খেলা আপন বেগে একলা।
শির শির পাতা র আওয়াজ
হুঁশ ফিরিয়ে দেয়,
উড়ছে চুল এলোমেলো
করছে শুধু খেলা।
ঘুম পাখি তুই আয়না
এই টুকু সময় নিয়ে
ঘুম পাড়াতে আসিস দুপুর বেলা।

পাহাড়ি মেঘ

পাহাড়ি মেঘ আয়রে তোরা
এক ঝটকায় চলে,
পাহাড় তলি ভিজিয়ে দে
আচমকা জল পড়ে।
পাহাড় বেয়ে পড়িস যখন
ভালোই লাগে দেখতে,
ঝির ঝির ঝির আপন ধারায়
যখন গড়িয়ে পড়িস
তখন মজা লাগে ভিজতে।
আবার দেখি মেঘ সরেছে
আকাশটা ওই থেকে,
পাহাড় চূড়া যাচ্ছে দেখা
রবির কিরণ যায় দেখা ওই
মেঘের ফাঁকে ফাঁকে।
সূর্য হাসে হাসে বন
আর পাহাড় চূড়া,
হাসছে আলোয় পথ ঘাট সব
যে পথ এখন করছে শুধু খেলা।

পথিক

হে মানব তুমি চলেছো
একা একা আনমনে,
একান্তে গোপনে
নিভৃত গহন পথে
আশ্বাসে নিঃগুড় প্রানে।
যেথায় মায়া অকপট ঘুমিয়ে
নিশ্চিত বিনিদ্র নিদ্রা,
অকপট একাগ্রতা য়
গন্তব্য এগিয়ে চলা।
এক মলিন মুহ্যমান
সমৃদ্ধ মহা মানব,
শূন্য হাত তবুও
হৃদয় হোক বিশ্বাসে পূর্ণ।
মহান মাধুর্যে ভরা
এক পথিক শুধু ই পথিক।

চিলেকোঠা

আয়রে শালিক
পায়রা টিয়া,
ছাদের উপর
চিলেকোঠা,
গম ছড়িয়ে
চাল ছড়িয়ে
রেখেছি তোদের জন্য
আসবি যাবি
খুঁটে খাবি
মাঝে মাঝে
উড়ে যাবি,
একটু হলে ও
কথা বলবি,
এটাই তো সব পাওয়া
বারো মেসে
কিছু কথা
রাখিস তবে তুলে
পরের বার
আসবি যখন
বলিস একটু জোরে
রাত হলে
ঘুমোতে পারিস
জাগিস তবে ভোরে।

বাউল

আজ আমি
বাউল হতে চাই
বাউল হয়ে
এ ভুবনে গানে গানে
ভরিয়ে দিতে চাই,
যখন এক তারাতে
সুর তুলে সুরে তে হারাই
তাই আমি আজ
বাউল হতে চাই।
এক তারা টা
হাতে নিয়ে
সুরে তে ভরাই,
দেশ বিদেশে ঘুরে ঘুরে
বাউল হয়ে
আমি সুর ছড়িয়ে যাই।

ছোঁয়া

জীবন শুরুর প্রভাত প্রাতে
শিশির ভেজা মুখ,
ফুটে থাকা ফুলের মাঝে
তোমায় খোঁজার সুখ।
শীতল বাতাস জানায় আজ
হিমের পরশ মাঝে,
আছো তুমি সবের সাথে
প্রাত কালের প্রভাতে।
হিমের পরশ ফুলের কাছে
তোমার ছোঁয়া পাই,
তাইতো আমি রোজ প্রভাতে
ওদের মাঝে তোমায় খুঁজে যাই।

মেঠো পথের বাঁকে

শীতের পরশ হিমেল হাওয়া
লাগছে শরীর জুড়ে,
কথাকলি কইছে কথা
মন যায় আজ ভরে।
প্রজাপতি নানা রঙে
হচ্ছে সে আজ রঙিন,
কথাকলি কইছে কথা
সে কথা সীমাহীন।
শীতের দোলায় দুলুক আজ
নানা রঙের বাহার,
শীত মানে তো
মণ্ডামিঠাই থাকে নানান আহার
শীতের দিনে ধানের বনে,
ঢাকে জমির আল,
মেঠো পথের বাঁকে বাঁকে
দেখি ঘাসের ওপর শিশির ভেজা জল।

বার্তা

অচেনা ঠিকানা অচেনা মানুষ
নিয়মের প্রতি লিপি,
বোধদয় এক নতুন বার্তা য়
দেখছি হৃদয় দোলে,
চেনা অচেনার হাত বদলে
হৃদয় কুঞ্জ ভরে,
জীবনের রঙ ভরিয়ে দিয়েছে
জীবন খাতা জুড়ে।

রূপসী কাশ্মীর

বরফ দিয়ে মোড়া তুমি
রূপসী কাশ্মীর,
সাদা রঙের বরফ দিয়ে
ঢেকেছো শরীর।
তোমার রূপের তুল না আর
হয় না, কিছুর বিনিময়,
তোমার, ও, রূপের দৃশ্য দেখে
হলাম যে বিভোর,
সবুজ বন নীল পাহাড়ে
ঘেরা তোমার দেহ,
এমন দৃশ্য র মাঝে
ছলাৎ ছলাৎ শব্দে,
ঝর্ণা ও যায় বয়ে?
আপন নিশানায়,
মনের মাঝে স্বপ্ন এসে
দিচ্ছে যে কেবল উঁকি
উড়তে চেয়ে ঘুরছে যে মন
শুধু ই কাটছে আঁকি বুঁকি,
রঙ বে রঙের দৃশ্যগুলি
বরফ দিল ঢাকি।

ইছামতী

জল ছল ছল ইছামতী
ইচ্ছে মতো চলো,
পারলে তবে সরলতায়
আপন বেগে ঢলো।
তোমার জলের
ছলাৎ ছলাৎ আওয়াজ ভারি মিষ্টি,
ছলাৎ ছলাৎ জল কেটে
চলেছে আমার পানসি,
উড়ছে পাল হাওয়ায় হাওয়ায়
ঢেউয়ের তালে তালে,
ইছামতী র জলের আওয়াজ
বহুদূরে যায় চলে।

রেলগাড়ি

রেলের পাতের রেলগাড়ি
পাতের ওপর সারি সারি,
ছুটছে গাড়ি স্টেশন ছেড়ে
গন্তব্য দেশান্তরে।
থামবে যখন সেথায় গাড়ি
বন্ধু পাবো কি? তোমার বাড়ি,
তোমার সাথে হারিয়ে যেতে
পাড়ি দেবো দেশান্তরে।
গাড়ির ভেতর জানালা দিয়ে
স্বপ্ন সাজবো সারি সারি,
শক্ত করে দু হাত ধরে
চলো যাই আজ স্বপ্ন পুরী,

ভোরের পাখি

কিচির মিচির শব্দে
ঘুম ভাঙে ভোর বেলা।
জানালা খুলে বাইরে দেখি
পাখিরা করে খেলা।
লাফিয়ে চলে এডাল ওডাল
নিজেদের মত করে।
লাফাতে লাফাতে ঠোঁট নেড়ে তারা
কি যে বলে মন ভরে।
শুনতে পেলাম কিচির মিচির
কি যে তাদের ভাষা।
গাছের ডালে খুব সকালে
দেখতে লাগে খাসা।
রাতের বেলায় চুপ চাপ
ঠোঁট নাড়ে না বটে।
কখন যে গাছে আসে
কেউ জানে না মোটে।
দিনের আলো হলেই শুরু
হাজার বুলি ফোটে।
এদিক ওদিক লেজ দুলিয়ে
গাছে র উপর ওঠে।
রোদের বেলাও গাছের ডালে
রাত নামলেও গাছের ডালে
জীবন কাটায় যারা।
সাহস বুঝি বড্ড ওদের
ভয় পায়নি ওরা।
খোলা আকাশ মাথার উপর
খোজ মেজাজে ভরা।
ঘর হারানোর ব্যাথা
পাসনি কেবল তোরা।

জোড়া শালিক

সকাল দুপুর সন্ধ্যে
দুই শালিক দ্বন্দ্বে।
সকাল বেলায়
দুই শালিকের
অভিমান হলো।
দুপুর বেলা দুই শালিক
ভুল শিকারে মত্ত,
সন্ধ্যা বেলায় দুই শালিকের
ভালোবাসার শর্ত।
সকাল, দুপুর, সন্ধ্যে,
দুই শালিক দেখলে, পরে,
সেই দিন যায় ভালো।
তোমরা দুটি থেকো সাথে
ঝগড়া নাটক নয়টি মোটে,
তোমাদের না দেখতে পেলে
মানুষের ভয় হয়।
আজ বুঝি দিনটা খারাপ
দিন ভালো না যায়।
দুই শালিক
অভিমান অভিযোগ রাখো
সকলের ভালো চাইতে
তোমরা দুটি একসঙ্গে থেকো
তোমাদের ভালোবাসা য়,
একে অপরকে ডেকো।
জোড়া শালিক তোমরা দু জন
ভুবন জুড়ে রেখো,
সকলকে ভালো রেখে
তোমরাও ভালো থেকো।

নীল ফুল

ঝুমকো লতা ঝুমকো লতা
তুমি লতানো ফুলের গাছ,
গাছ ভরতি নীল ফুল দেখে
আমি আজ নির্বাক,
ঝুমকো লতা নামটি ভালো
ফুলের মাঝে আছে যে
নীল সাদা তে ঢেকে,
উঠোন ভরা লতানে গাছ
উঠোন মাঝে থেকো
মাঝে মাঝে বাড়ি র ভেতর
নীল ফুলে তে ঢেকো।

কুয়াশা

কুয়াশাতে ঢেকেছে গ্রাম
যায়না কিছু দেখা,
অন্ধকারে পথ ঢেকেছে
গাঁয়ের পথ যে আঁকা বাঁকা।
আবছা আকাশ কুয়াশা তে
ঢাকলো সারা গাঁ
প্রভাত প্রাতে সূয্যি এসে
আলোয় ভরিয়ে যা।

মাধবী লতা

টুক টুকে লাল মাধবী লতা
হাসছো তুমি ফুটে,
সবুজ সবুজ পাতার বাহার
আহা রূপ যে তোমার বটে।
থোকায় থোকায় ভরে আছো
সুগন্ধিতে ভরা,
যত দূরেই থাকি না কেন
সু গন্ধি ঘ্রাণে মিশে আছিস
মাধবী লতা তোরা।
মাধবী লতা মাধবী লতা
পাঁচিল ভরে ফোটো
লাল টুক টুক লাল টুক টুক
রঙ যে ভারি চড়া।

কলমী লতা

কলমী লতা কলমী লতা
জল জমিতে
জমির আলে ফোটো
জল না পেলে
বন কলমী শুকিয়ে হবে কাঠ
ফুটি ফাটা আলের জমি
ঢাকুক কচি ঘাসে
বন কলমী তাকিয়ে আছে
আকাশ টার ওই দিকে
ভরলে জলে জমির আলে
ফুটবে কলমী লতা,
আলের মাথায় গোছায় গোছায়
থাকুক কলমী বনলতা।

বনানী

সবুজ বন বনানী
গাছ পালাতে ভরা
সবুজ বনে বাস করছে
নানান পশুপাখিরা।
বনের মধ্যে আছে ঝিল
আছে ছোট ছোট বিল
সেই বিলে আর ঝিলের জল
পান করে পশুপাখিরা।
হাতি আছে আছে বাঘ
আছে হরিণ ছানা
বন ময়ূর বন ময়ূরী
করে আনাগোনা।
সবুজ বনের পশুপাখিদের
দেখতে বড় ভালো লাগে
মাঝে মাঝে বনানী কে
দেখতে যেও তবে।

ইচ্ছে ডাঙা

আসিস যদি? আসতে পারিস
আমার গ্রামের বাড়ি,
কাঁচা হলেও দেওয়ালেতে
নকশা করা আল্পনা তে
সাজানো সারি সারি।
দেওয়ালেতে কল্কা আছে
আঁকা ফুল ও ফল
আর আছে হাতে আঁকা
পশুপাখির দল।
আসলে পাবি ইচ্ছে মতো
আনন্দ আর উচ্ছ্বাস
প্রাণ ভরে বাতাস পাবি
ফেলবি স্বস্তির নিঃশ্বাস।
আসলে তোরা আসতে ই পারিস
আমার গ্রামের বাড়ি
ইচ্ছে মতো ইচ্ছে ডাঙা
তোদের ও হোক সবারই।

অশ্রু

ইতিটানে মন
খুঁজি সারাক্ষণ
সময় যাচ্ছে চলে,
ঠিকানা বিহীন কথা গুলি আজ
নিজেই অশ্রু ঢালে।
সময়ের ফের নিঃস্ব দেহের
কি আছে আর দেবার,
সবই তো পেলাম দুহাত ভরে
কি আছে আর নেওয়ার।
বেদুইন মন রেখে যেতে চাই
হৃদয়ে শুধু তোমার
মনের গভীরে যে টুকু দাগ
কেটে দিয়েছি না জেনে,
ভুল করে যেন মুছে ফেলনা
আমার না থাকা মেনে।

আনন্দধারা

আজ শ্রাবনে
নাচছে হৃদয়
নাচে গাছের পাতা
হাওয়ায় হাওয়ায়
পাল উড়ে যায়
আপন বেগে ধাওয়া
সাত সমুদ্দুর
পার হয়ে যায়
ময়ূর পঙ্খী জাহাজ
শ্রাবন মাসে
শ্রাবন ধারা গড়িয়ে পড়ুক স্থলে
জল টপ জল টপ
শ্রাবন মিশুক জলে

মেলা

পাহাড় দেশের মেয়ে আমি
থাকি বিষ্ণু পুর,
পাহাড় আছে ঝর্না আছে
আছে বন পাহাড়ি
গান সুমধুর।
আদি বাসি নাচ আছে
আছে টুসু ভাদু
কাছাকাছি বাঁকুড়া জেলা
আমায় ডাকে কেবল শুধু।
পাহাড় দিয়ে ঘেরা
পায়ে চলার পথ
দুপাশে ভরে দুলছে গাছে
মৌউল ফলে র ঝাঁক।
পাহাড় দিয়ে ঘেরা গ্রামে
বসে রবিবারে র হাট
হাতের চুড়ি কানের দুল
হাতের তৈরী পোড়ামাটির
নানা কার্যকরী,
শাড়ি আছে নাম করা
শৌখিন বালুচরী।
টেরাকোটা য় সাজানো
দরদী স্বর্ণ চরী,
পড়লে অঙ্গর বাড়ায় শোভা
লাগে চমক ভারী
আরো আছে বিখ্যাত সেই
বিষ্ণুপুরী সিল্কের শাড়ি।

হলুদ গাঁদা

শীতের দিনে বাগান ভরে
ফুটছে হাজার ফুল,
হাজার ফুলের মাঝেও
হলুদ গাঁদা ভরিয়ে ছে মন
প্রেম জেগেছে ভরপুর।
গন্ধ আছে হলুদ মাখা
কি যে ভালো লাগে,
হলুদ গাঁদা শোভা বাড়ায়
শীতের মরসুমে
বিদ্যার দেবী স্বরস্বতী
সাজে গাঁদা ফুলে
হলুদ গাঁদা হলুদ গাঁদা
ফুটুক শীত কালে।

শপথ

সভ্য মানুষ এসো হাতে হাত ধরি
বন্ধনে আর বন্ধুত্বের সম্পর্ক গড়ি,
শপথ করি এসো রাখি শপথের মান।
আদির খড়ায় মরেছে মানুষ অনাহারে
সভ্য জগতে বেঁচে ছে মানুষ
ফলিয়ে ফসল সমাহারে।
খাদ্য বস্ত্রের অভাব মিটেছে
মিটেছে ক্ষুধা র জ্বালা।
দুর্ভোগ কাটিয়ে জেগেছে ভারত
সভ্য আলোর প্রাতে
সভ্য মানুষ সভ্য হয়েছে কাটিয়ে দৈন্য দশা
আবার জাগো নতুন প্রভাতে
রাখো সভ্য তার মান।
ভবিষ্যতে সঞ্চয় করো একটু পানের জল
হীরা, মণি, মুক্তা, সোনা, দানা, নয়
জল বিনা মানুষের প্রাণ যে হবে ক্ষয়
কিছু কিছু জলকনা, রাখি যদি ধরে
জল অপচয় বন্ধ করে জল সঞ্চয়ে দাও মতি।
ঘুচবে তবে ভবিষ্যতে জলের হাহাকার
নইলে দেখো জল বিনা মরবে জগৎ সংসার।

www.ingramcontent.com/pod-product-compliance
Lightning Source LLC
LaVergne TN
LVHW010839051026
849532LV00007B/2761
9798230066743